THE WEAPONS ENCYCLOPÆDIA
TANK AIRCRAFT AFV SHIP ARTILLERY VEHICLES SECRET WEAPON

TWE-028 ITA

🇬🇧 CARRO BRITANNICO CRUSADER

THE WEAPONS ENCYCLOPAEDIA

EDITORIAL STAFF
Luca Stefano Cristini, Paolo Crippa.

REDAZIONE ACCADEMICA
Enrico Acerbi, Massimiliano Afiero, Aldo Antonicelli, Ruggero Calò, Luigi Carretta, Flavio Chistè, Anna Cristini, Carlo Cucut, Salvo Fagone, Enrico Finazzer, Arturo Giusti, Björn Huber, Andrea Lombardi, Aymeric Lopez, Marco Lucchetti, Gabriele Malavoglia, Luigi Manes, Giovanni Maressi, Francesco Mattesini, Daniele Notaro, Péter Mujzer, Federico Peirani, Alberto Peruffo, Maurizio Raggi, Andrea Alberto Tallillo, Antonio Tallillo, Roberto Vela, Massimo Zorza.

PUBLISHED BY
Luca Cristini Editore (Soldiershop), via Orio, 35/4 - 24050 Zanica (BG) ITALY.

DISTRIBUTION BY
Soldiershop - www.soldiershop.com, Amazon, Ingram Spark, Berliner Zinnfigurem (D), LaFeltrinelli, Mondadori, Libera Editorial (Spain), Google book (eBook), Kobo, (eBoook), Apple Book (eBook).

PUBLISHING'S NOTES
None of unpublished images or text of our book may be reproduced in any format without the expressed written permission of Luca Cristini Editore (already Soldiershop.com) when not indicate as marked with license creative commons 3.0 or 4.0. Luca Cristini Editore has made every reasonable effort to locate, contact and acknowledge rights holders and to correctly apply terms and conditions to Content. Every effort has been made to trace the copyright of all the photographs. If there are unintentional omissions, please contact the publisher in writing at: info@soldiershop.com, who will correct all subsequent editions.

LICENSES COMMONS
This book may utilize part of material marked with license creative commons 3.0 or 4.0 (CC BY 4.0), (CC BY-ND 4.0), (CC BY-SA 4.0) or (CC0 1.0). We give appropriate attribution credit and indicate if change were made in the acknowledgments field. Our WTW books series utilize only fonts licensed under the SIL Open Font License or other free use license.

CONTRIBUTORS OF THIS VOLUME & ACKNOWLEDGEMENTS
Ringraziamo i principali collaboratori di questo numero: I profili dei carri sono tutti dell'autore. Le colorazioni delle foto sono di Anna Cristini. Ringraziamenti particolari a istituzioni nazionali e/o private quali: Stato Maggiore dell'esercito, Archivio di Stato, Bundesarchiv, Nara, Library of Congress, Wikipedia, USAF, Signal magazine, Cronache di guerra, Fronte di guerra, IWM, Australian War Museum, ecc. A P.Crippa, A.Lopez, Péter Mujzer, L.Manes, C.Cucut, archivi Tallillo. Model Victoria (www.modelvictoria.it) ecc. per avere messo a disposizione immagini o altro dei loro archivi.

For a complete list of Soldiershop titles, or for every information please contact us on our website: www.soldiershop.com or www.cristinieditore.com. E-mail: info@soldiershop.com. Keep up to date on Facebook https://www.facebook.com/soldiershop.publishing

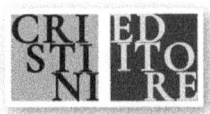

Titolo: **CARRO BRITANNICO CRUSADER** Code.: **TWE-028 IT**
Collana curata da/Autore: Luca Stefano Cristini
ISBN code: 9791255891468. Prima edizione luglio 2023
THE WEAPONS ENCYCLOPAEDIA (SOLDIERSHOP) is a trademark of Luca Cristini Editore

THE WEAPONS ENCYCLOPÆDIA
TANK AIRCRAFT AFV SHIP ARTILLERY VEHICLES SECRET WEAPON

CARRO BRITANNICO CRUSADER

LUCA STEFANO CRISTINI

BOOK SERIES FOR MODELERS & COLLECTORS

INDICE

Introduzione 5
- Lo sviluppo e il progetto 5
- Caratteristiche tecniche 9
- Prestazioni 11

Impiego operativo 23
- Operazione Battleaxe 23
- Operazione Crusader 26
- Operazione Bertram 26
- In Tunisia 29

Mimetica e segni distintivi 41
- Colorazione teatro europeo e metropolitano 41
- Colorazione teatro medio orientale e nord africano 42
- Colorazione estremo oriente 42

Versioni del veicolo 47

Scheda tecnica 52

Bibliografia 58

▼ Un Crusader Mk. I con la piccola torretta mitragliatrice aggiuntiva in costruzione, 1941.

INTRODUZIONE

Il Crusader fu uno dei carri britannici più significativi della Seconda Guerra Mondiale; malgrado la sua sagoma bassa ed aggressiva, fu spesso surclassato come carro da combattimento, ma rimase in servizio fino alla fine della guerra nelle sue varie versioni speciali. Oltre 5.000 unità furono costruite, contribuendo significativamente alle vittorie britanniche nella campagna del Nord Africa. Sebbene il Crusader non venisse utilizzato al di fuori dell'Africa, il suo telaio fu modificato per creare diverse varianti, tra cui veicoli antiaerei, di supporto al fuoco, di osservazione, di comunicazione, bulldozer e mezzi di recupero.

LO SVILUPPO E IL PROGETTO

Il carro incrociatore Mk VI, noto come Crusader, fu sviluppato quasi contemporaneamente al Covenanter, ma rappresentava un progetto della Nuffield, equipaggiato con il motore Nuffield Liberty Mk III e un cambio Nuffield. Sebbene il Crusader assomigliasse al Covenanter nell'aspetto generale, presentava diverse differenze, tra cui il numero delle ruote portanti: cinque per lato nel Crusader e quattro nel Covenanter.

La serie dei carri armati Cruiser ebbe inizio nel 1936, quando Vickers presentò al War Office un nuovo carro medio, economico, dotato di un motore a benzina commerciale, l'A9E1. Questo modello era considerato una soluzione temporanea in attesa della produzione delle sospensioni Christie.

Il prototipo, designato come A15, aveva una caratteristica insolita: due piccole torrette nella parte anteriore, una per il pilota e l'altra, di fronte a quest'ultimo, per un mitragliere. Entrambe le torrette erano dotate di una mitragliatrice da 7,92 mm, ma dopo le prime prove, sia l'arma che la torretta del pilota furono rimosse. Le prove rivelarono anche problemi di raffreddamento del motore e difetti nel cambio. Questi ed altri problemi richiesero molto tempo per essere risolti e molti rimasero irrisolti quando il carro terminò la propria carriera.

▲ Crusader Mk. I conservato nel Museo dei carri armati del Royal Australian Armoured Corps.

I primi carri Crusader Mark I entrarono in servizio nel 1941 e, nonostante la loro agilità, erano caratterizzati da una corazza leggera e un armamento insufficiente. Armato con un cannone da 40 mm e con una corazza di base di 40 mm, al momento della sua entrata in servizio, era già superato e, poiché non c'erano abbastanza cannoni da 57 mm disponibili, fu aumentato solo lo spessore della corazza a 50 mm, dando origine al Crusader II.

Il Crusader Mark II successivo presentava una corazza massima di 49 mm (1,9 pollici) e l'armamento principale dei Crusader Mark I e II era un cannone Ordnance QF da 2 libbre (40 mm).

Sul Crusader III fu finalmente installato un cannone da 57 mm, a scapito di un membro dell'equipaggio nella torretta. Questa variante era in grado di affrontare adeguatamente i carri medi tedeschi Panzer III e Panzer IV incontrati in combattimento. All'interno della 1ª Brigata Corazzata, il Crusader si dimostrò fondamentale durante la Seconda Battaglia di El Alamein, l'assedio di Tobruk e la campagna di Tunisia, prima di essere sostituito dall'M4 Sherman statunitense.

In azione, il Crusader si dimostrò veloce e maneggevole, ma la sua corazza risultò costantemente troppo sottile; i Crusader armati con il cannone da 40 mm non erano in grado di competere con i carri tedeschi equivalenti. La scarsa affidabilità non migliorò le possibilità di sopravvivenza nel deserto, ma furono apportati graduali miglioramenti, e sul Crusader IICS fu montato un obice da 76,2 mm.

A causa dei ritardi con il suo sostituto, il Crusader rimase in servizio fino alla fine del 1942, quando fu gradualmente rimpiazzato dai carri M3 Grant forniti dagli Stati Uniti e successivamente dai suddetti M4 Sherman. Questi cambiamenti furono necessari a causa dei problemi di affidabilità del Crusader nelle dure condizioni desertiche e della comparsa di carri tedeschi più corazzati e meglio armati nel Afrika Korps. Nonostante ciò, il Crusader fu utilizzato in combattimento fino alla fine della guerra in Nord Africa e successivamente per l'addestramento in Gran Bretagna.

▲ Lo stesso Crusader Mk. I nel Museo dei carri armati del Royal Australian Armoured Corps da un'altra angolazione.

CRUSADER MK. I, NORD AFRICA 1941

▲ Crusader Mk. I in Nord Africa nella tipica prima mimetica a trinagoli tricolori.

▲ Militari dell'esercito britannico esaminano un Crusader versione Arv dotato di gru anteriore, armato con due Bren antiaeree.

Una volta ritirati come carri da combattimento, i Crusader furono utilizzati in varie versioni speciali. Tra queste, la versione contraerea armata con un cannone Bofors da 40 mm (Crusader III AA I) o con cannoni da 20 mm binati o trinati (Crusader III AA II). Vi fu anche una versione per il recupero dei carri, il Crusader ARV, senza torretta ma dotato di una gru a braccio a forma di A. Un'altra versione, sempre senza torretta, era dotata di una pala apripista e fungeva da carro del genio (Crusader Dozer). Molti Crusader furono trasformati in trattori di artiglieria ad alta velocità (Crusader Gun Tractor) con una struttura a cassone aperto, ampiamente impiegati in Europa nel 1944 e 1945 per il traino dei cannoni anticarro da 76,2 mm (17 libbre). Altri furono utilizzati per esperimenti vari, come l'installazione di nuovi motori, dispositivi di sminamento e prove di guado che portarono allo sviluppo dei carri Duplex Drive (a doppia propulsione).

CARATTERISTICHE TECNICHE

Diversamente dai precedenti "Christie cruisers" (i carri A13 Mk III e Mk IV e il Mk V Covenanter), che avevano quattro ruote portanti, il Crusader ne aveva cinque per lato per migliorare la distribuzione del peso, in un carro che pesava quasi 20 tonnellate rispetto alle 14 tonnellate dei precedenti incrociatori. Le **ruote**, di 32 pollici (810 mm) di diametro, erano in acciaio stampato con pneumatici in gomma solida. I lati dello **scafo** erano costituiti da due piastre separate, con i bracci delle sospensioni tra di loro.

Il Crusader aveva un **motore** diverso dal Covenanter, un sistema di sterzo diverso e un sistema di raffreddamento convenzionale con radiatori nel vano motore. Mentre il Covenanter utilizzava un motore di nuova progettazione, il Crusader adattava il motore Liberty già disponibile per inserirsi in un vano motore più basso. Sul lato sinistro della parte anteriore dello scafo, dove nel Covenanter si trovava il radiatore del motore, era montata una piccola torretta ausiliaria manovrata a mano, armata con una mitragliatrice Besa. Questa torretta ausiliaria era scomoda da usare e spesso veniva rimossa sul campo o rimaneva inutilizzata.

Sia l'A13 Mk III Covenanter che l'A15 Crusader utilizzavano la stessa **torretta** principale. Questa era poligonale, con i lati che si allargavano e poi si restringevano di nuovo, per massimizzare lo spazio sul diametro limitato dell'anello della torretta. I primi veicoli di produzione avevano un mantello del **cannone** "semi-interno" fuso, che fu rapidamente sostituito in produzione da un mantello più grande e meglio protetto, con tre fessure verticali per il cannone principale, una mitragliatrice Besa coassiale e il telescopio di mira. Non c'era una cupola per il comandante, che aveva invece un portello piatto con il periscopio montato attraverso di esso.

▲ Crusader AA Mk. II. È la versione contraerea armata con due mitragliatrici binate da 20mm.

CRUSADER MK. I 7ª DIVISIONE CORAZZATA

▲ Crusader Mk. I appartenente alla 7ª divisione corazzata, 22ª brigata corazzata. Fronte nordafricano, 1942.

L'**armamento** principale, come in altri carri britannici dell'epoca, era bilanciato in modo che il cannoniere potesse controllarne l'elevazione attraverso un'asta imbottita contro la spalla destra, piuttosto che usando un meccanismo a ingranaggi. Questo si adattava bene alla dottrina britannica di sparare con precisione in movimento.

Quando si capì che ci sarebbero stati ritardi nell'introduzione dei successivi carri incrociatori pesanti (Cavalier, Centaur e Cromwell), il Crusader fu adattato con un cannone da sei libbre.

PRESTAZIONI

Le prestazioni iniziali del Crusader erano superiori rispetto a quelle dei carri leggeri Stuart. Sebbene il Crusader avesse problemi di affidabilità, divenne il carro principale per i reggimenti corazzati britannici, mentre gli Stuart erano utilizzati per le ricognizioni.

In Nord Africa, il Crusader affrontò problemi cronici di affidabilità a causa di vari fattori: i carri arrivati mancavano spesso degli strumenti e dei manuali di manutenzione necessari, spesso rubati o persi durante il trasporto. La mancanza di pezzi di ricambio significava che le parti danneggiate venivano sostituite con componenti recuperati da altri carri danneggiati. Nei depositi di manutenzione, i carri venivano spesso riparati con componenti già al limite della loro durata.

L'aumento rapido della produzione nel Regno Unito portò a problemi di qualità, poiché operai inesperti iniziarono ad assemblare i carri, aumentando il carico di lavoro sui depositi di manutenzione che dovevano effettuare correzioni.

I nuovi carri presentavano anche difetti di progettazione. La riconfigurazione del motore Liberty Mk. III in un formato più piatto per adattarsi al vano motore del Crusader influenzò negativamente le pompe dell'acqua e i ventilatori di raffreddamento, critici per le temperature desertiche. Diverse modifiche, ufficiali e non ufficiali, vennero applicate per migliorare l'affidabilità e conservare l'acqua necessaria per

▲ Un carro armato Crusader viene caricato su uno speciale rimorchio Scammell pronto per essere riportato nelle zone avanzate dopo aver ricevuto lavori di riparazione in una officina nelle retrovie. Nord Africa, 10 dicembre 1941.

CRUSADER MK. I CS (CLOSE-SUPPORT)

▲ sader Mk. I la parziale assenza del parafango permette di vedere la forma del carro nella zona dei binari.

▲ Il re del Regno Unito Giorgio VI ispeziona uno schieramento di equipaggi di carri armati Crusader della 26ª brigata corazzata in Scozia il 15 ottobre 1942.

CRUSADER MK. II DELLA 7ª DIVISIONE CORAZZATA

▲ Crusader Mk. II appartenente alla 7ª divisione corazzata in mimetica bicolore.

mantenere i veicoli operativi. Tuttavia, risolvere questi problemi richiese molto tempo e la fiducia nel Crusader diminuì. Vi furono richieste di sostituire i veicoli con i carri Valentine o con gli M3 Grant di fabbricazione americana.

Col passare del tempo, sempre più carri venivano inviati ai depositi di manutenzione, causando una carenza di carri pronti per il combattimento e un enorme arretrato di riparazioni. Il numero di veicoli disponibili in prima linea diminuì e si ricorse ai carri prodotti negli Stati Uniti.

Il cannone da 2 libbre aveva buone prestazioni iniziali, ma l'approvvigionamento di munizioni era focalizzato sui proiettili perforanti (AP). Quando i carri tedeschi adottarono corazze temprate, non era disponibile una munizione APCBC efficace. Quando finalmente divenne disponibile, i carri tedeschi si erano già adattati per contrastarla. I ritardi nella produzione della nuova generazione di carri cruiser portarono il Crusader a essere armato con il cannone da 6 libbre, che offriva prestazioni anticarro notevolmente migliori.

Il Crusader, essendo un carro cruiser altamente mobile, aveva una corazza più leggera rispetto ai carri dell'Asse. Fu tra i primi a essere dotato di corazza aggiuntiva per il deposito munizioni, migliorando notevolmente la sopravvivenza del veicolo con una leggera riduzione del numero di proiettili trasportabili. Tuttavia, il compartimento del conducente presentava una vulnerabilità significativa, con la fiancata esposta dopo la rimozione della torretta secondaria della mitragliatrice Besa, diventando una trappola per proiettili.

Nonostante i numerosi problemi, il Crusader ebbe successo nei combattimenti contro i carri dell'Asse, sfruttando la sua mobilità superiore e la capacità di sparare in movimento per colpire i punti deboli dei veicoli nemici. Questo indusse i tedeschi a cambiare tattiche, simulando ritirate per attirare i Crusader verso una linea di cannoni anticarro preposizionati. Senza munizioni ad alto esplosivo (HE), il Crusader faticava a ingaggiare questi nemici. Questa situazione perdurò fino all'introduzione dei veicoli statunitensi, come il Grant e lo Sherman, con cannoni da 75 mm a doppio uso.

▲ Crusader Mk. III armato con il potente cannone L 43. Teatro del Nord Africa, 1943.

▲ Pulizia della canna del cannone da 6 pdr di un Crusader da parte del suo equipaggioo del 16°/ 5° Lancers, 6th Armored Division. El Aroussa, Tunisia, maggio 1943.

▲ Il Crusader trovò il suo impiego principale soprattutto nel settore nordafricano. In alto un Crusader Mk. II. Sotto, un carro armato Crusader II nel Deserto Occidentale, 2 ottobre 1942.

CRUSADER MK. II DELLA 7ª DIVISIONE CORAZZATA

▲ Crusader Mk. II appartenente alla 7ª Divisone Corazzata, Reggimento Junior Battalion A (triangolo blu).

▲ Carro armato Crusader Mk. III, in ricognizione. 1 gennaio 1943, Nord Africa.

Tabella riassuntiva dei modelli di Crusader realizzati nel corso del conflitto:

Modello	1940	1941	1942	1943	1944	1945	Totali
Crusader Mk I	2	248	0	0	0	0	250
Crusader Mk II	0	407	1405	0	0	0	1812
Crusader Mk III	0	0	946	771	0	0	1717
Crusader AA Oerlikon	0	0	91	345	299	0	735
Crusader AA Bofors	0	0	0	238	0	0	238
Crusader OP	0	0	0	112	0	0	112
Crusader Trattore	0	0	0	0	474	126	600
Totali	2	655	2442	1466	773	126	5464

CRUSADER MK. II, "THE SAINT"

▲ Crusader Mk. II, "The Saint", Squadrone A, 10° Reali ussari, 2ª Brigata Corazzata, 1ª Div. Corazzata.

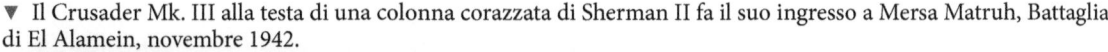

▲ Carro armato Crusader III dotato di protezioni per la sabbia. Notare il pilota affacciato sul davanti della torretta.

▼ Il Crusader Mk. III alla testa di una colonna corazzata di Sherman II fa il suo ingresso a Mersa Matruh, Battaglia di El Alamein, novembre 1942.

▲ Alcuni carri armati Crusader III impegnati a salire su di un molo galleggiante da un pontone "Spud" durante i test di un porto artificiale, Regno Unito, 23 giugno 1943 (un anno prima del D-Day).

IMPIEGO OPERATIVO

Il Crusader partecipò esclusivamente alle operazioni militari in Nordafrica. All'inizio del 1941, le forze britanniche nella regione affrontavano gravi carenze di carri armati, con solo pochi carri leggeri e incrociatori obsoleti per contrastare i più moderni Panzer III e Panzer IV utilizzati dalle divisioni dell'Afrika Korps.

Per affrontare questa difficile situazione, il presidente Churchill ordinò con urgenza l'invio di un convoglio di nuovi carri in Egitto. Quest'ordine si concretizzò nell'operazione "Tiger", che portò 238 carri a sbarcare ad Alessandria d'Egitto il 12 maggio 1941.

La loro prima azione avvenne durante l'"Operazione Battleaxe". Dopo la conclusione di questa campagna, migliori carri come lo Sherman e il Cromwell divennero disponibili, e i Crusader furono impiegati per compiti secondari per il resto della guerra: come base per installazioni antiaeree o come trattori per l'artiglieria. Come antiaerei, furono progettati per l'uso nel nord-ovest dell'Europa, ma non furono necessari a causa del dominio aereo degli Alleati. Come trattori per l'artiglieria, furono utilizzati nei reggimenti equipaggiati con cannoni da 17 libbre all'interno delle divisioni corazzate e con il XII Corpo d'Armata.

■ OPERAZIONE BATTLEAXE

L'Operazione Battleaxe (15-17 giugno 1941) fu un'offensiva dell'esercito britannico per sollevare l'assedio di Tobruch e riconquistare la Cirenaica orientale dalle forze tedesche e italiane. Fu la prima volta durante la guerra che una significativa forza tedesca combatté in difensiva. I britannici persero più della metà dei loro carri armati il primo giorno e solo uno dei tre attacchi ebbe successo.

▲ Carri armati Crusader in movimento verso posizioni avanzate nel deserto occidentale, 26 novembre 1941.

A15 CRUSADER MK. II

▲ A15 Crusader Mk. II (QF 2 pdr, cannone da 40 mm).

CARRO BRITANNICO CRUSADER

Il secondo giorno, i britannici ottennero risultati misti, con un arretramento sul loro fianco occidentale e il respingimento di un grosso contrattacco tedesco al centro. Il terzo giorno, i britannici evitarono per poco il disastro ritirandosi appena prima di un movimento di accerchiamento tedesco. Il fallimento di Battleaxe portò alla sostituzione del generale britannico Sir Archibald Wavell, Comandante in Capo del Medio Oriente, con Claude Auchinleck; Wavell assunse la posizione di Auchinleck come Comandante in Capo dell'India.

Le forze dell'Asse, spingendo le truppe britanniche fino al confine egiziano con un miscuglio di carri più vecchi e alcuni carri d'infanteria Matilda rimasti, furono rapidamente rifornite via mare attraverso il Mediterraneo, arrivando, come già detto, il 12 maggio 1941. Un numero sufficiente di Crusader fu destinato all'equipaggiamento del 6th Royal Tank Regiment, che insieme ai vecchi carri incrociatori del 2nd Royal Tank Regiment costituiva la 7th Armoured Brigade. Gli altri carri erano carri d'infanteria Matilda assegnati alla 4th Armoured Brigade, portando la 7th Armoured Division a dispiegare soltanto quattro reggimenti corazzati.

Nonostante la pressione da parte di Londra per far entrare in azione la 7th Armoured Division, il tempo impiegato per preparare i Crusader al deserto e addestrarli ritardò il loro primo impiego fino all'Operazione Battleaxe, tentativo di rompere l'assedio di Tobruch nel giugno seguente. Durante l'avanzata della brigata lungo il fianco nemico, i Crusader furono sorpresi dai cannoni anticarro nascosti e persero undici carri. Nei due giorni successivi, il 6RTR subì ulteriori perdite per azioni nemiche e difetti nel ritirarsi combattendo.

La 7th Armoured Brigade fu quindi riequipaggiata con nuovi Crusader, ma, a causa dell'ampliamento della brigata con l'aggiunta del 7th Hussars, non furono disponibili abbastanza Crusader per sostituire tutti i vecchi carri incrociatori.

▲ Carro armato Crusader catturato dalle forze dell'asse e dalle stesse riutilizzato, Afrika Korps, 1942.

Per aumentare la forza della 7th Armoured Division a tre brigate corazzate, la 22nd Armoured Brigade, composta da tre reggimenti corazzati inesperti equipaggiati con Crusader, fu trasferita in Nord Africa. L'8th Hussars fu aggiunto alla 4th Armoured Brigade, ma, a causa della carenza di carri incrociatori, dovettero essere equipaggiati con i carri leggeri M3 Stuart. La 22nd fu così in grado di partecipare all'Operazione Crusader nel novembre 1941.

■ OPERAZIONE CRUSADER

L'Operazione Crusader (18 novembre - 30 dicembre 1941) fu un'operazione militare della Campagna del Deserto Occidentale durante la Seconda Guerra Mondiale condotta dall'Ottava Armata Britannica (con contingenti del Commonwealth, Indiani e Alleati) contro le forze dell'Asse (tedesche e italiane) in Nord Africa, sotto il comando del Generale Erwin Rommel. L'operazione mirava a bypassare le difese dell'Asse sulla frontiera egiziano-libica, sconfiggere le forze corazzate dell'Asse vicino a Tobruch, sollevare l'assedio di Tobruch e riconquistare la Cirenaica.

Il 18 novembre 1941, l'Ottava Armata iniziò un attacco a sorpresa. Dal 18 al 22 novembre, la dispersione delle unità corazzate britanniche portò alla perdita di 530 carri armati, infliggendo perdite all'Asse di circa 100 carri. Il 23 novembre, la 5ª Brigata Sudafricana fu distrutta a Sidi Rezegh, causando numerose perdite ai carri tedeschi. Il 24 novembre Rommel ordinò un "assalto al filo spinato", causando caos nel retroterra britannico ma permettendo alle forze corazzate britanniche di riprendersi. Il 27 novembre, i neozelandesi raggiunsero la guarnigione di Tobruch ponendo fine all'assedio.

La mancanza di rifornimenti costrinse Rommel a ridurre le sue linee di comunicazione e il 7 dicembre 1941 le forze dell'Asse si ritirarono alla posizione di Gazala, iniziando poi il 15 dicembre un ritiro fino a El Agheila. La 2ª Divisione Sudafricana catturò Bardia il 2 gennaio 1942, Sollum il 12 gennaio e la fortificata posizione di Halfaya il 17 gennaio, catturando circa 13.800 prigionieri. Il 21 gennaio 1942, Rommel sorprese l'Ottava Armata e la respinse a Gazala, dove entrambi gli schieramenti si riorganizzarono. La Battaglia di Gazala iniziò alla fine di maggio 1942.

Nell'Operazione Crusader, i due corpi britannici furono disposti in modo che non potessero supportarsi reciprocamente. Ci si aspettava che, essendo in superiorità numerica rispetto alle forze tedesche e italiane nei carri armati, i combattimenti avrebbero favorito i britannici. Tuttavia, Rommel evitò di impegnare in massa i suoi carri contro quelli britannici, sfruttando invece un gran numero di cannoni anticarro tedeschi che, operando in modo offensivo con carri armati e fanteria, si dimostrarono efficaci. I tedeschi erano principalmente equipaggiati con il PaK 38, un cannone da 50 mm a canna lunga con gittata di 910 metri. Questa superiorità nella qualità e nella disposizione tattica dei cannoni anticarro sarebbe stata una caratteristica del Corpo di Afrika durante la "Guerra del Deserto". Il cannone da 2 libbre (40 mm) del Crusader era efficace quanto il 50 mm a canna corta del Panzer III, anche se era superato dal 75 mm a canna corta del Panzer IV.

■ OPERAZIONE BERTRAM

Nel contesto delle "operazioni di inganno" britanniche, i Crusader potevano essere equipaggiati con il "Sunshade", una struttura metallica con una copertura in tela che mimetizzava il carro come un camion agli occhi della ricognizione aerea tedesca. Venivano anche impiegati carri finti.

Più avanti nella campagna, il trasporto marittimo migliorò e Nuffield inviò una squadra di ingegneri in Egitto; i team di equipaggio divennero più abili nel prevenire i problemi, ma la reputazione del Crusader non riuscì a riprendersi.

Dopo che Montgomery prese il comando, lo squilibrio tra corazzati britannici e tedeschi fu corretto grazie a un miglior controllo e all'introduzione di più carri Grant e Sherman forniti dagli Stati Uniti. Il Crusader fu sostituito nella prima linea di battaglia e impiegato nelle "squadriglie leggere" per tentare di aggirare il nemico quando questo si scontrava con unità più pesanti. La 9ª Divisione di Fanteria Australiana operava i Crusader per ricognizione e collegamento.

A15 CRUSADER MK. II CS (CLOSE-SUPPORT)

▲ A15 Crusader MK. II CS (obice da 76 mm da 3 pollici).

CRUSADER MK. II, EL ALAMEIN, OTTOBRE 1942

▲ Crusader Mk. II, Reggimento di cavalleria da ricognizione 9ª Divisione australiana, El Alamein, ottobre 1942.

IN TUNISIA

La 1ª Armata britannica sbarcò come parte delle operazioni alleate in Tunisia; alcune delle sue unità impiegavano i Crusader e questi entrarono in azione a partire dal 24 novembre. Non si trattava solo di reggimenti di Crusader, ma di una mescolanza di carri Crusader e Valentine; all'interno di ciascun squadrone, due sezioni erano equipaggiate con Crusader III, e c'erano anche Crusader II CS assegnati al Quartier Generale del Squadrone. Queste unità della 26ª Brigata Corazzata furono utilizzate come colonna corazzata indipendente, "Blade Force", con la 78ª Divisione di Fanteria. Le operazioni di Blade Force si svolsero su un terreno diverso dal deserto delle campagne precedenti, e gli scontri avvennero con un numero ridotto di veicoli. Queste azioni prefigurarono quelle che sarebbero state viste successivamente in Europa.

Durante la campagna in Tunisia, la 1ª Armata passò ai carri Sherman, ma i Crusader rimasero in uso con l'8ª Armata per un periodo più lungo. Le ultime azioni significative dei Crusader furono la Battaglia della Linea Mareth e la Battaglia di Wadi Akarit. La campagna del Nord Africa terminò poco dopo.

▲ L'equipaggio di un carro armato Crusader prepara un pasto nel Deserto Occidentale, 20 settembre 1942.

Sebbene il Crusader fosse più veloce di qualsiasi carro con cui si confrontava, il suo potenziale era limitato da un cannone relativamente leggero da 2 libbre QF, armatura sottile e problemi meccanici. Una particolare limitazione tattica era la mancanza di proiettili ad alto esplosivo per l'armamento principale (che esistevano ma non erano stati forniti). Le forze corazzate dell'Asse svilupparono un metodo estremamente efficace per affrontare le forze nemiche in attacco ritirandosi dietro a uno schermo di cannoni anticarro nascosti. I carri in inseguimento potevano quindi essere impegnati dall'artiglieria. Con i cannoni anticarro tedeschi fuori portata delle mitragliatrici dei carri e senza proiettili ad alto esplosivo per rispondere al fuoco, i carri si trovavano con le opzioni altrettanto difficili di ritirarsi sotto il fuoco nemico o cercare di superare la barriera di cannoni.

Inoltre, il Crusader si dimostrò incline a "incendiarsi" al momento dell'impatto, problema attribuito all'accensione dei proiettili a causa del metallo caldo che penetrava nei vani non protetti. Il fondo angolato della torretta creava trappole per i colpi che deviavano i proiettili verso il basso, attraverso il tetto dello scafo.

Il Crusader si rivelò poco affidabile nel deserto, un problema che iniziava già dal trasporto dal Regno Unito all'Africa del Nord. Una scarsa preparazione e gestione causarono problemi che dovevano essere risolti prima di poter essere assegnati ai reggimenti, consumando il magazzino di ricambi. Una volta in uso, la sabbia causava erosioni nel sistema di raffreddamento e lo stress dei viaggi su terreno accidentato provocava perdite di olio tra il blocco motore e i cilindri. Poiché nel deserto c'erano pochi trasportatori di carri o ferrovie, i carri dovevano percorrere lunghe distanze sui loro cingoli, causando ulteriore usura. Questi problemi, uniti alla disponibilità di carri migliori quali Sherman e Cromwell, portarono prima al ricollocamento e in seguito alla ritirata dal servizio dei Crusader.

▲ Carri armati Crusader Mk. III in Tunisia, 31 dicembre 1942.

CRUSADER MK. III

CARRO BRITANNICO CRUSADER

▲ Un altro carro armato Crusader caduto in mani tedesche dell'Africa Korps. Libia-Egitto, 1942.

▲ Un carro armato britannico Crusader passa davanti a un carro armato tedesco Pzkw Mk IV in fiamme durante l'operazione Crusader.

▲ Carro armato Crusader Mk. III, 1 gennaio 1943, Nordafrica.

▲ Carro armato Crusader di uno squadrone di 24° lancieri dell'11° divisione corazzata ripreso in grande velocità durante un' esercitazione nel Sussex il 15-16 luglio 1942.

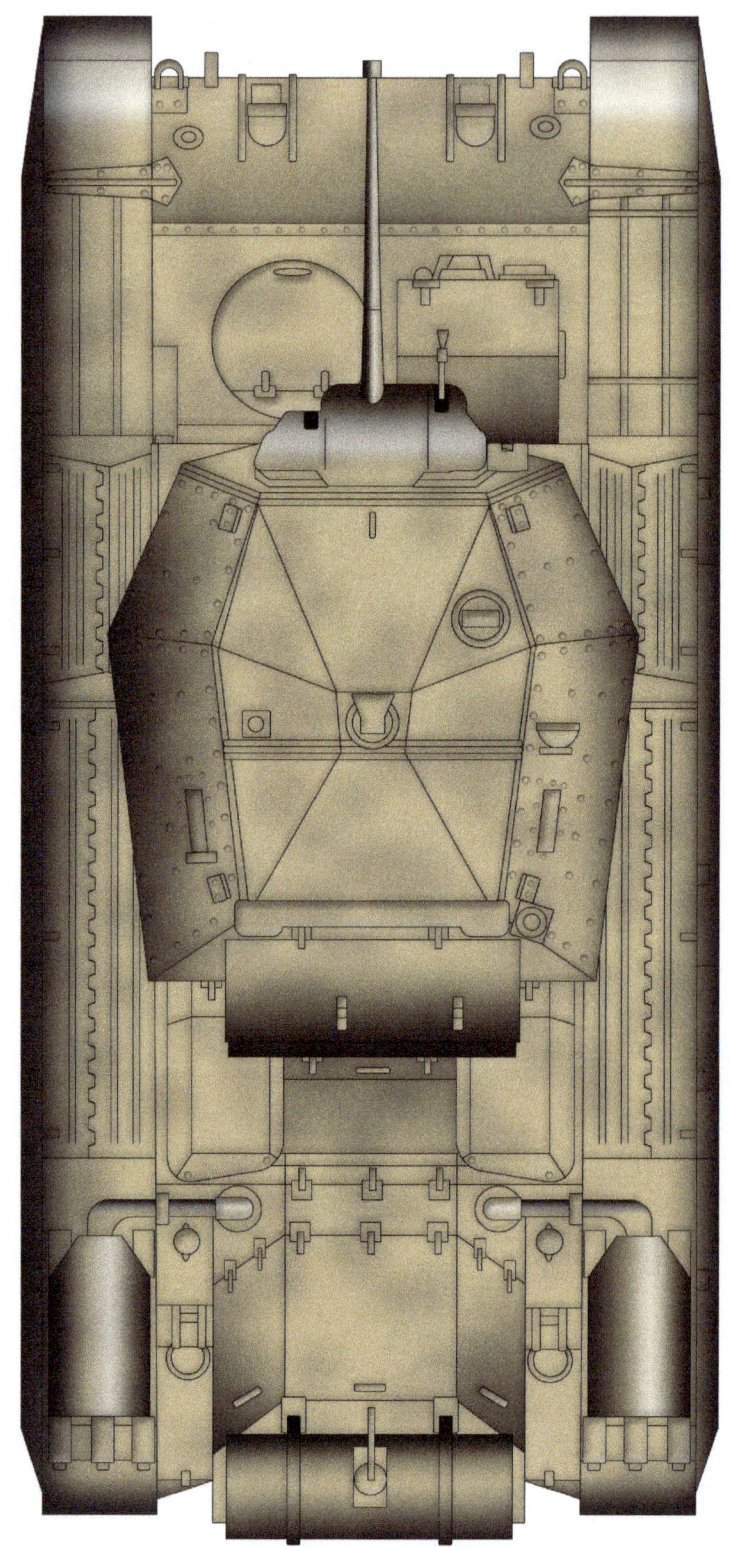

▲ Vista del carro inglese Crusader Mk. II dall'alto.

CRUSADER MK. III

🇬🇧 CARRO BRITANNICO CRUSADER

▲ I carri armati Crusader appena sbarcati vengono portati dalle banchine del porto di Tripoli occupata alle officine portuali, già del Regio Esercito, reparto Genio Elettrico e Meccanico, 15 marzo 1943.

▼ Crusader III cechi in parata, Inghilterra, 1943, tutti appartenenti alla Brigata corazzata indipendente ceca.

▲ Crusader Mk. III con cannone 6pdr Mk 5 L 50 prende parte alla parata della Independent Czech Armour Brigade a Harwich, Inghilterra, primavera '43.

▼ Un Crusader Mk. VI Crusader III A15 senza i parafanghi laterali.

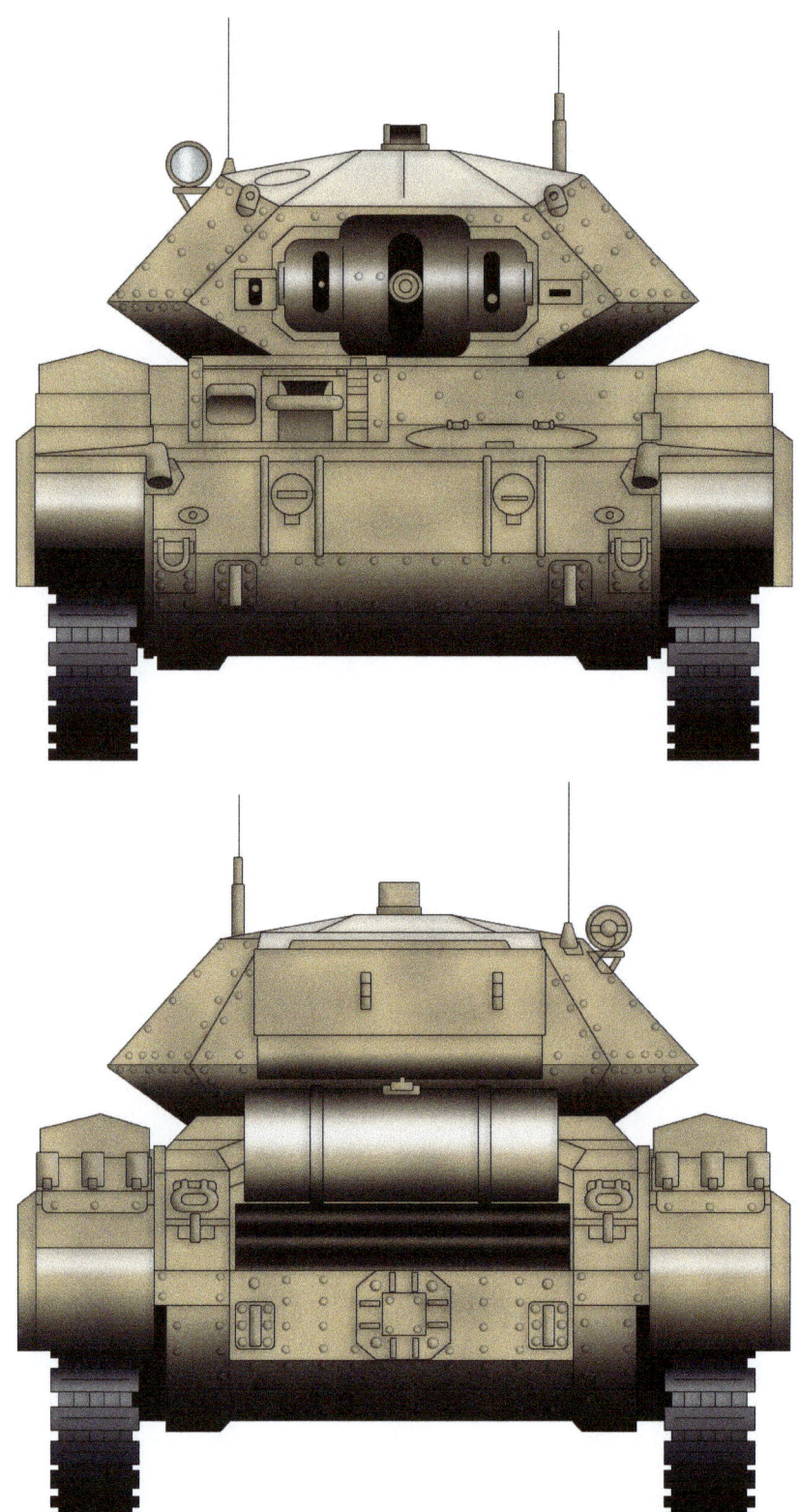

▲ Vista del carro Crusader Mk. II di fronte e di retro.

CRUSADER MK. III

🇬🇧 CARRO BRITANNICO CRUSADER

CRUSADER MK. III

MIMETICHE E SEGNI DISTINTIVI

I colori di fondo e le tinte mimetiche dei mezzi militari inglesi (AFV) durante la seconda guerra mondiale furono determinati da una serie di istruzioni del Consiglio dell'Esercito (ACI) e riversati su opuscoli di addestramento militare (MTP), con specifici ordini generali (GO) utilizzati in Medio Oriente. La vernice veniva fornita ai reparti premiscelata (PFU prepared for use) corrispondente a due standard britannici: il BS381C del 1930 e il BS987C degli anni 1942-45.

Le fotografie contemporanee e le testimonianze dei veterani confermano che, con qualche leggera variazione, questi ordini venivano per lo più rispettati rigidamente ma, per quanto riguarda i modelli usati, a volte c'erano delle piccole variazioni. Il regolamento, ad esempio, prevedeva un'immediata applicazione delle nuove norme, tuttavia, anche per esaurire le vecchie scorte di magazzino in tema di vernici, si optava spesso per il vecchio colore...

Questo fatto portò all'apparizione di colorazioni assai curiose a volte, spesso con risultati interessanti che coinvolgevano tutti e quattro i colori base.

■ COLORAZIONI TEATRO EUROPEO E METROPOLITANO

Subito dopo la fine della Prima Guerra Mondiale i veicoli e gli AFV continuarono ad essere verniciati come nel 1914-18. Negli anni '20 furono usati vari colori, principalmente gli scontati marroni, verdi e grigi. Ufficialmente questi venivano definiti "colori di servizio", difficili oggi da stabilire.

Tuttavia, nei primi anni '30 questi colori era principalmente un kaki chiaro o un ocra verdastro.

Gli interni dei veicoli erano sempre un color argento dagli anni '30 fino alla metà circa del 1940, quando venne utilizzato il bianco lucido per tutti. Subito dopo, e almeno fino agli inizi del 1939, il colore di servizio divenne un lucido *deep bronze green*.

Nei primi due anni di guerra, e più precisamente dal 1939 al 1941, venivano praticati sui mezzi militari dei motivi orizzontali/diagonali di due diversi tipi di verde. Il solito colore di base era il verde kaki con un disgregatore di verde scuro detto n. 4, o raramente verde chiaro n. 5, e in alternativa il *green 3*.

Dalla metà del 1940 il *dark tarmac* inizia a sostituirei due verdi nr. 4 e 5. Pare che questa scelta fosse motivata dalla necessità di preservare le scorte di ossido di cromo, elemento necessario per produrre colori forti e un certo grado di immunità agli infrarossi. Fra il 1941 e il 1942 i colori mimetici standard (SCC) del secondo standard britannico entrarono in uso fino a soppiantare, una volta esaurite le vecchie scorte di vernice, sia i verdi che il *dark tarmac*.

Tuttavia carenze di approvvigionamento e disponibilità, causate dalla scarsa reperibilità del pigmento verde, fecero cambiare il colore base in molti casi con del marrone, a sua volta scurito da un marrone scuro o in alternativa con del nero.

Nel periodo 1942-44 i diagrammi introdussero un nuovo schema a due toni utilizzando i marroni come da regolamento. Le versioni mimetiche più comuni al tempo erano del motivo *"foliage"* e /o *"dapple"*.

Nel giugno 1943 il 1° Corpo canadese ricevette istruzioni di ridipingere tutti i veicoli con il colore base *light stone* o *Portland stone*, con varie aree di disturbo in basso sulla carrozzeria e sulla cabina in nero.

Ciò avvenne prima dello schieramento in Nord Africa per partecipare all'operazione Husky, nel luglio 1943. La riverniciatura includeva l'aggiunta di tondi chiari sul tetto per aiutare la RAF a riconoscere i veicoli amici.

Nel 1944-45 si passò all'uso dell'*olive drab* come nuovo colore di base, per eliminare la necessità di riverniciare i veicoli forniti dagli Stati Uniti. Dall'agosto 1944, quindi, tranne che sui veicoli già verniciati secondo i vecchi regolamenti, l'*olive drab* divenne il colore formale di base.

Durante la campagna d'Italia del 1943, molti veicoli utilizzarono gli schemi già indicati, ma altri invece risultavano verniciati secondo lo schema Africano-Mediorientale che utilizzava un colore base di *"light mud"* con audaci motivi in nero o verde oliva scuro.

Molti di questi veicoli furono poi riverniciati e, alla fine, la maggior parte del parco mezzi britannico fu uniformato con il rivestimento di base *olive drab*.

COLORAZIONI TEATRO MEDIORIENTALE E AFRICANO

Nel luglio 1939 il regolamento per questo settore strategico specificò un tono base detto *middle stone* con variazioni di *"dark sand"*. I carri armati del 6° RTC A9 iniziarono a usare la tinta *stone* e nel maggio del 1940 aggiunsero macchie di colore sabbia scura. Questo schema divenne comune in Egitto nell'estate del 1940. Nel biennio 1940-41 i mezzi vennero dipinti a tre toni di *light stone* o *Portland stone* come colore di base con strisce diagonali e aggiunte di *silver grey* e *slate* o ancora *green* 3 usati in diverse varianti. Uno schema usato in Sudan prevedeva il *light stone* o *Portland stone* con il marrone-viola chiaro al posto del grigio argento, e il *light stone* n. 61 al posto dell'ardesia per lo stesso modello.

Il modello bicolore basato su "Caunter" e utilizzato in Grecia nei mesi di aprile e maggio 1941 si otteneva utilizzando il *light stone* o l'ardesia o qualche altro colore sconosciuto. Il marrone-viola chiaro, insomma, era usato esclusivamente in Sudan. Nel dicembre del 1941 venne imposto sempre l'uso dei due colori *stone* a cui si aggiungeva però solo un eventuale terzo colore per la mimetica. In un primo tempo parve che fosse stata scelto il color ardesia, ma in seguito si notarono sempre più mezzi di colore verde o con mimetiche grigio argento o ancora il marrone. Vari reparti e brigate si adoperarono per scegliere una mimetica che li caratterizzasse le une dalle altre. Questo fatto continuò fino all'ottobre 1942, quando venne sviluppata una gamma Camcolor di colori a base d'acqua per tutti gli scopi mimetici.

Dall'ottobre 1942 nuovo contrordine: vennero annullati tutti i modelli precedenti per essere sostituiti da nuovi disegni standardizzati per alcuni tipi di AFV e classi di veicoli.

I nuovi colori che apparvero all'orizzonte furono: un tono base di *desert pink* con un motivo dirompente in *dark olive green*. Nero, marrone molto scuro e ardesia scuro erano le variabili alternative.

Questi nuovi schemi iniziarono ad apparire su Sherman, Grants, Valentines, Crusaders, Stuart; mentre i carri armati Churchill, dipinti nel Regno Unito con *light stone*, riportavano un motivo rosso-marrone nel motivo Crusader. Poiché il *desert pink* era un nuovo colore, il *light stone* continuò a essere utilizzato sui veicoli esistenti. Il *desert pink* veniva quindi utilizzato da solo come un unico tono su veicoli senza valore tattico. Dall'aprile 1943 il regolamento venne ancora una volta cancellato e nuovi modelli emessi con nuovi colori per l'utilizzo in Tunisia, Sicilia, Italia e tutto il Medio Oriente. Il tono di base divenne il *"light mud"* con nero o altro in motivi audaci usati per mimetizzarsi. Nel 1944, infine, anche nei veicoli del medio oriente predominavano i colori e gli schemi europei.

COLORAZIONI ESTREMO ORIENTE

Fino al 1943 i veicoli sembrano essere conformi agli standard del Regno Unito. Esistono immagini a colori di mezzi militari a Singapore nei colori *kaki green* e *dark tarmac*. All'inizio del 1943 venne introdotta la tinta *"jungle green"* da utilizzare come unico colore generale. Ma nel 1944 compare anche la *dark drab*. Nel 1944 esisteva una gamma di colori per scopi mimetici emessa dal SEAC a Ceylon (ora Sri Lanka), ma non ci sono prove che qualcuno di questi fosse inteso come colore dirompente. Dal 1943 al 1945 rimase un unico colore di base generale.

CRUSADER MK. III, TUNISIA 1943

▲ Crusader Mk. III, 1ª Divisione corazzata, Tunisia, primavera 1943.

▲▼ Carro armato Mark VI A15 Crusader III serie britannica t126272 costruito da Nuffield Mechanisations, conservato al Bovington Tank Museum, Dorset, March 1998. By Hugh Llewelyn Licenze CC-2.

CRUSADER MK. III, GRAN BRETAGNA 1943

▲ Crusader Mk. III, 2° reggimento corazzato, 1° divisione corazzata, Gran Bretagna 1943.

AA CRUSADER MK. III

▲ Crusader armato con due cannoni Oerlikon da 20 mm per uso antiaereo e una singola mitragliatrice Vickers GO da .303 (7,7 mm).

VERSIONI DEL VEICOLO

Il carro armato Crusader, nonostante i suoi limiti, rappresenta un capitolo significativo nella storia dei mezzi corazzati britannici durante la Seconda Guerra Mondiale. Come già accennato, il Crusader si distinse per la sua velocità, che lo rendeva superiore alla maggior parte dei carri avversari dell'epoca. Questo carro non solo disponeva di un armamento adatto per il suo periodo, ma fu anche adattato per svolgere ruoli specializzati come veicolo antiaereo e trattore d'artiglieria. Le varianti del Crusader, sviluppate nel corso del conflitto, riflettevano l'evoluzione delle strategie di combattimento e le necessità operative sul campo:

- **Crusader I (Cruiser Mk. VI):** versione originale di produzione. Spesso in campo veniva rimossa la torretta ausiliaria, eliminando così la posizione del mitragliere di scafo.

  - **Crusader I CS (Cruiser Mk. VI CS):** la variante "Close Support" (supporto ravvicinato) montava un obice Ordnance QF da 3 pollici (76,2 mm) nella torretta al posto del cannone da 2 libbre.

- **Crusader II (Cruiser Mk. VI A):** il Crusader II presentava un aumento della corazza sul fronte dello scafo e sulla parte anteriore della torretta. Come nel modello Mk I, spesso la torretta ausiliaria veniva rimossa.

  - **Crusader II CS (Cruiser Mk. VI A CS):** montava un obice Ordnance QF da 3 pollici (76,2 mm) nella torretta al posto del cannone da 2 libbre.

  - **Crusader II versione Commando:** esisteva una versione del Crusader come carro comando, equipaggiata con una canna finta e due radio No. 19.

  - **Crusader II (gun tractor Mk. I):** venne sviluppato per rispondere alla necessità di un veicolo in grado di trainare il pesante cannone anticarro da 76,2 mm QF 17 libbre. Si trattava di un telaio di carro armato Crusader con una semplice sovrastruttura squadrata che sostituiva quella del carro armato da combattimento. La struttura, spessa 14 mm, proteggeva il conducente e l'equipaggio del cannone, composto da sei uomini. Il trattore trasportava anche munizioni nella parte posteriore e all'interno dell'area dell'equipaggio.

Nonostante fosse quasi pesante quanto il carro armato da combattimento, il Crusader gun tractor era comunque in grado di raggiungere alte velocità ed era ufficialmente limitato a 27 mph (circa 43 km/h). Tuttavia, questo regime era pesante per i cannoni da 17 libbre trainati. Furono impiegati nel nord-ovest Europa dagli sbarchi in Normandia del 1944 fino alla fine della guerra nel 1945.

Una delle unità che utilizzò questo veicolo fu l'86° Reggimento Anticarro, Artiglieria Reale, parte del XII Corpo. Nell'86° Reggimento, il Crusader gun tractor sostituì i precedenti trattori per cannoni Morris C8 in due delle quattro batterie. I veterani dell'unità riferirono che il Crusader era popolare tra gli equipaggi e spesso era guidato da conducenti ex del Corpo Corazzato, assegnati all'Artiglieria Reale per la loro esperienza di guida. Alcuni veterani sostenevano di aver rimosso i limitatori di velocità normalmente presenti sui carri e affermavano che un Crusader vuoto poteva raggiungere velocità fino a 55 mph (circa 89 km/h). Dicevano anche di essere in grado di sorpassare le motociclette della Polizia Militare, limitate durante la guerra a una velocità di 50 mph (circa 80 km/h) a causa della benzina di bassa qualità.

Alcuni veicoli furono anche utilizzati dai comandanti di batteria come veicoli corazzati da comando e ricognizione.

• **Crusader III**: a causa dei ritardi con il Cruiser Mark VII Cavalier e della necessità di carri armati da crociera, il Crusader fu potenziato con il cannone da 57 mm 6-pounder, il primo carro britannico ad essere equipaggiato con questa arma. I lavori di progettazione per una nuova torretta iniziarono nel marzo 1941, ma la Nuffield non vi partecipò fino alla fine dell'anno, quando adattò la torretta esistente con un nuovo mantello e una botola.

La torretta ricevette anche un ventilatore estrattore per eliminare i fumi generati dallo sparo del cannone. L'ingombro maggiore del nuovo cannone limitò lo spazio nella torretta, quindi l'equipaggio fu ridotto a tre persone, con il comandante che assunse anche il ruolo di caricatore del cannone, precedentemente svolto dall'operatore radio. Lo spazio della torretta ausiliaria fu dedicato allo stoccaggio delle munizioni. Il Crusader III vide anche l'introduzione del motore Mk. IV Liberty, che risolse molti dei problemi di affidabilità riscontrati in precedenza. Questo motore includeva anche le pompe dell'acqua aggiornate del motore Mk. III, insieme a un sistema di trasmissione a albero che sostituì il sistema a catena per i ventilatori di raffreddamento.

La produzione iniziò nel maggio 1942 e ne furono completati 144 entro luglio. Il Crusader III vide il suo primo impiego, con circa 100 esemplari partecipanti, nella Seconda Battaglia di El Alamein nell'ottobre 1942.

• **Crusader III OP**: l'"Observation Post" era un carro armato convertito in un posto osservativo corazzato mobile per la direzione dell'artiglieria. La torretta era fissata in posizione, il cannone veniva rimosso e al suo posto veniva montata una canna finta per conferirgli l'aspetto esteriore di un carro armato normale. Senza necessità di munizioni, l'interno era dedicato alle radio, con due radio No. 19 e una radio No. 18, mappe e attrezzature correlate. La Reale Artiglieria poteva quindi operare il carro OP in prima linea tra le unità combattenti, dirigendo il fuoco dell'artiglieria in loro supporto.

• **Crusader III (AA Mk. I)**: il cannone da 6 libbre fu sostituito con un cannone contraereo Bofors da 40 mm dotato di caricatore automatico e montato su una torretta scoperta. L'equipaggio era composto da

▲ Carri armati Crusader III in Tunisia, 31 dicembre 1942.

quattro persone: comandante del cannone, miratore, caricatore e conducente. Tuttavia, i Crusader III versione AA Mk I impiegati nel nord-ovest dell'Europa dal D-Day in poi non avevano una torretta, ma montavano direttamente sopra lo scafo il cannone Bofors da 40 mm con il suo scudo standard.

• **Crusader III (AA Mk. II e Mk. III):** Crusader armato con due cannoni Oerlikon da 20 mm per uso antiaereo e una singola mitragliatrice Vickers GO da .303 (7,7 mm). La torretta era di piccole dimensioni e poligonale, con una corazzatura pesante ma una visibilità limitata per individuare gli aerei in avvicinamento. Il modello Mk III si differenziava dal Mk II solo per la posizione della radio, spostata nello scafo per liberare spazio all'interno della torretta.
Una variante con tre cannoni Oerlikon fu prodotta in quantità molto limitate e sembra essere stata utilizzata principalmente per l'addestramento.
A causa della superiorità aerea alleata sui campi di battaglia del nord-ovest Europa, nessuna delle versioni antiaeree vide molto combattimento contro gli aerei, ma alcune - specialmente con la 1ª Divisione Corazzata Polacca - furono impiegate contro obiettivi terrestri. Le unità antiaeree, assegnate agli squadroni di quartier generale, furono sciolte dopo gli sbarchi in Normandia.

• **Crusader ARV Mk. I:** veicolo corazzato per il recupero basato sullo scafo del Crusader privo di torretta. Venne costruito un prototipo nel 1942.

Circa 21 carri armati sopravvivono in varie condizioni di conservazione, dalle macchine funzionanti nei musei ai relitti. Otto di questi si trovano in varie collezioni in Sudafrica.
Tra gli esempi più notevoli c'è il Crusader III in condizioni di funzionamento presso il Tank Museum nel Regno Unito. Il Musée des Blindés in Francia conserva un Crusader Mk III versione antiaerea, mentre l'Overloon War Museum nei Paesi Bassi possiede una variante trattore per cannoni.

▼ Carro armato Crusader III AA con cannoni binati da 20 mm Oerlikon.

▲ Carro armato antiaereo Crusader III con cannone Bofors da 40 mm, in forza presso la scuola di veicoli corazzati da combattimento, Gunnery Wing a Lulworth nel Dorset.

▼ Crusader, versione trattore d'artiglieria convertito in bulldozer.

CRUSADER MK. III OP

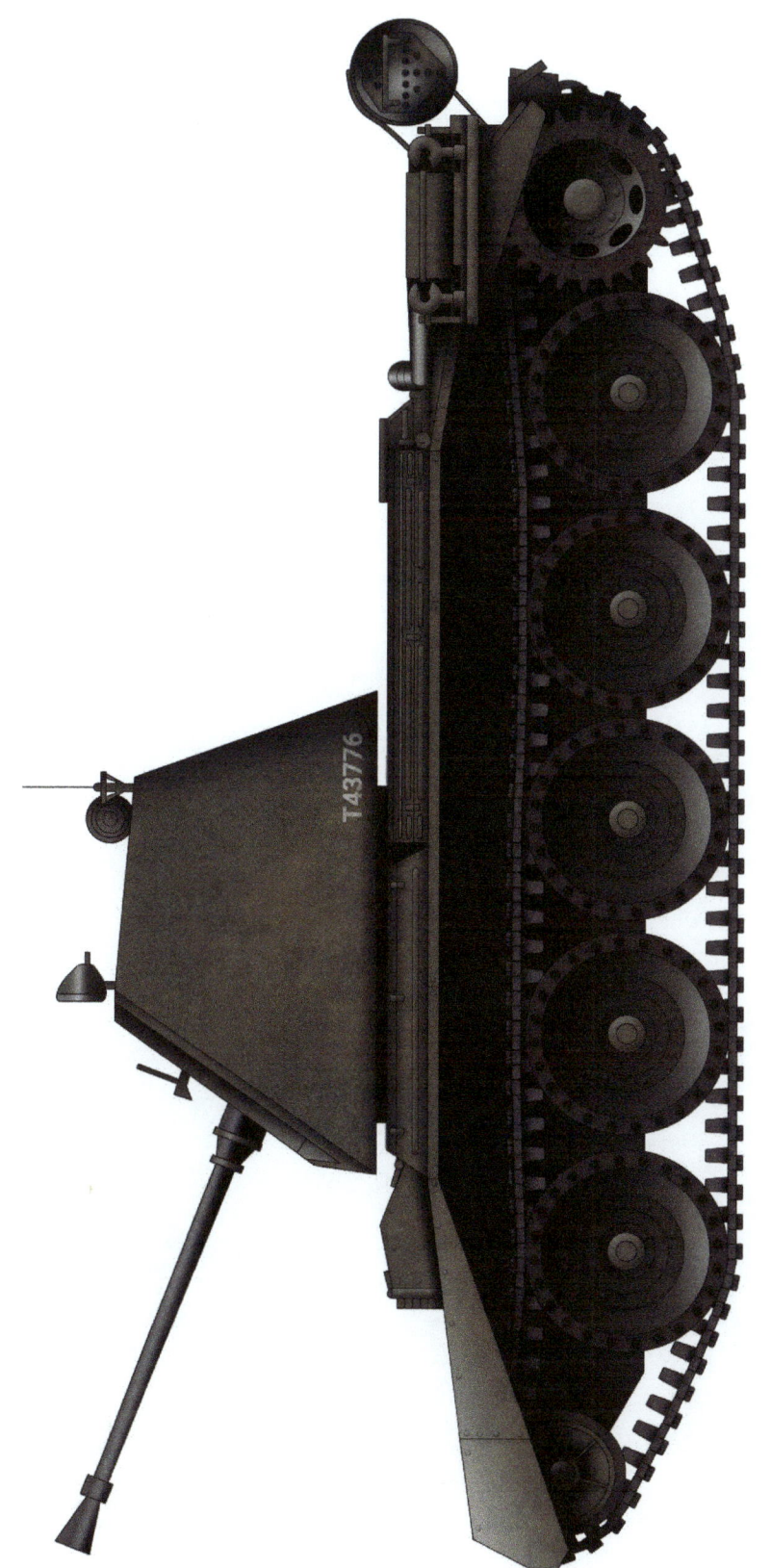

▲ Carro armato convertito in un mezzo antiaereo corazzato con cannoncino Bofors da 40mm.

SCHEDA TECNICA	
	Crusader
Lunghezza	5,98 m
Larghezza	2,77 m
Altezza	2,24 m
Data entrata in servzio/uscita	1941/1945
Peso in ordine di combattimento	Mk. I: 19.100 kg Mk. II: 19.300 kg Mk. III: 20.100 kg
Equipaggio	Mk. I: 5 Mk. II: 4/5 Mk. III: 3
Motore	Nuffield Mk. I/II/III
Velocità massima	50 km/h
Autonomia	Mk. I e II: 322 km Mk. III: 204 km
Spessore corazza	Da 15 a 78 mm
Armamento principale	Mk. I e II: 2 libbre (110/130 colpi) Mk. III: 6 libbre (65 colpi)
Produzione	5.300 esemplari (vedi tabella a pagina 19)

▼ Un carro armato Crusader con la sua mimetica desertica da camion "telato", Nord Africa, 26 ottobre 1942.

CRUSADER III MIMETICO DESERTO "SUNSHADE" NORD AFRICA 1942

▲ Crusader equipaggiato con il "Sunshade", una struttura metallica con una copertura in tela che mimetizzava il carro facendolo assomigliare ad un camion agli occhi della ricognizione aerea nemica.

▲ Carro armato Crusader AA che monta un cannone triplo Oerlikon in posizione abbassata, 19 luglio 1944.

▼ Crusader I con la piccola torretta ausiliaria ben visibile al suo posto.

CRUSADER ARV MK. I

▲ Veicolo corazzato per il recupero basato sullo scafo del Crusader privo di torretta. Venne costruito un prototipo nel 1942.

CRUSADER II (GUN TRACTOR MK. I)

▲ Questa versione venne sviluppata per rispondere alla necessità di un veicolo in grado di trainare il pesante cannone anticarro da 76,2 mm QF 17 libbre.

CRUSADER III

CARRO BRITANNICO CRUSADER

BIBLIOGRAFIA

- *John Milsom, John Sandars e Gerald Scarborough,* Classic AFVs No 1 - Crusader, Patrick Stephens Ltd., 1976, ISBN 0-85059-194-5.
- *Thomas L. Jentz,* Tank Combat in North Africa: The Opening Rounds, Operations Sonnenblume, Brevity, Skorpion and Battleaxe, February 1941 - June 1941, Schiffer Publishing Ltd, 1998, ISBN 0-7643-0226-4..
- *Bingham, James (1969).* Crusader: Cruiser Mark VI. AFV Profile, No. 8. Windsor: Profile. OCLC 54349416.
- *Boyd, David (2008).* "Crusader Tank". WWII Equipment. David Boyd. Retrieved 25 June 2024.
- *Carruthers, Bob (2011).* Panzers at War 1939–1942. Wootton Wawen: Coda Books. ISBN 978-1906783884.
- *Chamberlain, Peter; Ellis, Chris (1981) [1969],* British and American Tanks of World War Two, The Complete Illustrated History of British, American, and Commonwealth Tanks 1933–1945, Arco
- *Fletcher, David (1989).* The Great Tank Scandal: British Armour in the Second World War Part 1. London: HMSO. ISBN 978-0-11-290460-1.
- *Fletcher, David (1989a).* Universal Tank: British Armour in the Second World War - Part 2. London: HMSO. ISBN 0-11-290534-X.
- *Fletcher, David (1995).* Crusader and Covenanter Cruiser Tank 1939–1945. New Vanguard 14. Botley, Oxford: Osprey. ISBN 1-85532-512-8.
- *Fogliani, Sigal; Jorge, Ricardo (1997).* Blindados Argentinos, de Uruguay y Paraguay [Argentine, Uruguayan and Paraguayan Armoured Vehicles] (in Spanish). Buenos Aires: Ayer y Hoy Ediciones. ISBN 978-987-95832-7-2.
- *Knight, Peter (2015).* A15 Cruiser Mk. VI Crusader Tank: A Technical History. Black Prince. ISBN 978-1-326-27834-2..
- *Neillands, Robin (1991).* The Desert Rats: 7th Armoured Division, 1940–1945. London: Weidenfeld and Nicolson. ISBN 978-0-297-81191-6.
- *Hill, Alexander (2007).* "British Lend Lease Aid and the Soviet War Effort, June 1941 – June 1942". The Journal of Military History.
- *Orpen, Neil (1971).* War in the Desert. Cape Town: Purnell. ISBN 978-0-360-00151-0.
- *Tymoteusz Pawłowski.* Czołgi brytyjskie w Armii Czerwonej. „Technika Wojskowa Historia". Nr 4 (22), s. 64–77, 2013. ISSN 2080-9743.
- *Sears S.W.,* World War II: Desert War, New Word City, ISBN 978-1-61230-792-3.
- *Stockings C.,* Bardia: Myth, Reality and the Heirs of Anzac, UNSW Press, 2009.
- *Steven Zaloga:* Armored Champion: The Top Tanks of World War II Stackpole Books, ISBN 978-0-8117-1437-2, S. 154, 155
- The Tank Museum: Tank Spotter's Guide. Osprey Publishing, 2011, ISBN 978-1-78096-052-4, S. 33.
- *David Greentree, Johnny Shumate, Alan Gilliland* Crusader Vs M13/40: North Africa 1941–42. Osprey Publishing.

TITOLI GIÀ PUBBLICATI

ALL BOOKS IN THE SERIES ARE PRINTED IN ITALIAN AND ENGLISH

VISITA IL NOSTRO SITO PER AVERE MAGGIORI INFORMAZIONI SU
THE WEAPONS ENCYCLOPAEDIA:
https://soldiershop.com/collane/libri/the-weapons-encyclopaedia/

TWE-028 IT

www.ingramcontent.com/pod-product-compliance
Lightning Source LLC
LaVergne TN
LVHW072121060526
838201LV00068B/4936